어린이 생물 도서관 2

한국 양서류 사전

어린이 생물 도서관 2

한국 양서류 사전

펴낸날	2020년 7월 13일
지은이	김현태

펴낸이	조영권
만든이	노인향, 백문기
꾸민이	ALL design group

펴낸곳	비글스쿨
주소	서울 마포구 신수로 25-32, 101 (구수동)
전화	02) 701-7345~6 팩스 02) 701-7347
홈페이지	www.econature.co.kr
등록	제2007-000217호

ISBN	979-11-6450-012-3 76490

김현태 ⓒ 2020

- 이 책의 일부나 전부를 다른 곳에 쓰려면 반드시 저작권자와 비글스쿨 모두에게 동의를 받아야 합니다.
- 비글스쿨은 자연과학 전문 출판사 자연과생태의 어린이 브랜드입니다.
- 잘못된 책은 책을 산 곳에서 바꾸어 줍니다.

어린이제품 안전특별법에 의한 기타 표시사항

제품명 도서 | 제조자명 비글스쿨 | 제조국명 한국 | 전화번호 02) 701-7345~6 | 제조연월 2020년 7월
사용연령 6세 이상 | 주소 (04092) 서울 마포구 신수로 25-32, 101 (구수동)
주의사항: 종이에 베이거나 긁히지 않도록 주의하세요. 책 모서리가 날카로우니 던지거나 떨어뜨리지 마세요.

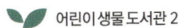 어린이 생물 도서관 2

김현태 지음

한국 양서류 사전

비글스쿨

CONTENTS

도롱뇽과 개구리 세계로 초대합니다   005
먼저 읽어 보세요   006

도롱뇽 무리

도롱뇽과	018	미주도롱뇽과	054
도롱뇽	024	이끼도롱뇽	058
고리도롱뇽	030		
제주도롱뇽	036		
꼬마도롱뇽	042		
꼬리치레도롱뇽	048		

개구리 무리

무당개구리과	066	개구리과	116
무당개구리	068	참개구리	122
		금개구리	128
두꺼비과	074	옴개구리	134
두꺼비	078	한국산개구리	138
물두꺼비	086	산개구리	142
		계곡산개구리	146
청개구리과	092	황소개구리	150
청개구리	096		
수원청개구리	102		
맹꽁이과	108		
맹꽁이	112		

찾아보기   156

도롱뇽과 개구리 세계로 초대합니다

옛날 어린이들은 학교 오가는 길에 종종 도롱뇽이나 개구리를 관찰하면서 놀았습니다. 논이나 웅덩이에서 흔히 보였거든요. 그런데 언젠가부터 도롱뇽이나 개구리가 줄어들더니 요즘은 아예 보기조차 어려워졌습니다. 농약을 치는 논이 늘어났고, 논밭이 있던 곳이 도시로 바뀌는 일도 많아져서겠지요.

요즘 어린이들은 대부분 도시에 살기 때문에 주변에서 도롱뇽이나 개구리 같은 생물을 볼 일이 거의 없지요. 그러다 보니 막연히 생물에 대해 거부감이나 두려움을 느끼기도 하고, 까닭은 잘 모르면서 자연은 무조건 보호해야 할 대상이라고 여기기도 합니다.

더불어 살아간다는 것은 꼭 서로 도움을 주거나 보호해야 한다는 뜻만은 아닙니다. 좋은 일만큼이나 싫은 일도 함께 겪고 부대끼면서 서로를 이해한다는 뜻이 더 맞을 거예요. 그렇게 살아가면 도롱뇽이나 개구리 같은 생물도 예뻐 보이지는 않더라도 함부로 대하거나 꺼릴 대상이 아니라는 것을 자연스레 깨닫게 되겠지요.

이 책에서는 우리나라에 사는 양서류(도롱뇽과 개구리 무리)를 소개했습니다. 양서류가 어떤 생물인지 큰 틀에서 설명하고, 양서류에 속하는 각 종이 어떻게 살아가는지를 이야기했어요. 그리고 자연에서 직접 생물을 찾아보기 어려운 어린이들이 조금이라도 더 양서류를 꼼꼼하게 살펴볼 수 있도록 다양한 사진을 큼직큼직하게 실었습니다.

이 책을 읽고 양서류에 관심 갖는 어린이가 조금 더 많아지면 좋겠어요. 그래서 아직 알려지지 않은 양서류 생태도 더 많이 밝혀 주고, 양서류를 비롯한 여러 생물과 더불어 살아가는 길도 널리 알려 주기를 바랍니다.

2020년 7월 김현태

먼저 읽어 보세요

● 양서류와 파충류 구별하기

도롱뇽과 개구리 무리를 묶어 양서류라고 일컫습니다. 양서류는 어릴 때는 물속에 살며 아가미로 호흡하고, 다 커서는 육지로 나와 폐와 피부로 호흡합니다. 이들을 한자말로 양서류(兩棲類)라고 부르는 것도 생활사가 물에서 살아가는 때와 땅에서 주로 살아가는 때로 나뉘기 때문입니다. 그래서 양서류는 물이나 땅 어느 한 곳만 오염되어도 살 수가 없어요. 파충류는 거북과 뱀 무리를 가리킵니다. 피부로도 호흡해서 몸이 축축한 양서류와 달리 온몸이 딱지나 비늘로 덮여 있어요.

한반도에는 도롱뇽 10종과 개구리 17종이 삽니다. 그중에서 북한에만 사는 7종과 아직 뚜렷하게 밝혀지지 않은 1종을 뺀 19종을 이 책에서 소개합니다. 최근에는 남부 지방에서 새로운 종일 가능성이 있는 도롱뇽 4종을 찾아 연구하고 있어서 종이 더 늘어날 수도 있어요.

도롱뇽. 다 자라서는 피부로 호흡하기 때문에 피부가 늘 축축해야 한다.

개구리(참개구리). 물과 뭍을 모두 오가며 산다.

● 도롱뇽과 개구리 구별하기

도롱뇽과 개구리의 생김새에서 찾을 수 있는 공통점은 온몸이 축축하고 끈적거리며, 발가락이 앞발에는 4개, 뒷발에 5개 있다는 점입니다.

도롱뇽과 개구리 무리를 가르는 가장 큰 차이는 다 자란 뒤(성체)에도 꼬리가 있느냐 없느냐입니다. 도롱뇽 무리는 어릴 때부터 있던 꼬리가 탈바꿈을 마친 뒤에도 남아 있지만, 개구리 무리는 올챙이 때는 꼬리가 있지만 다 자란 뒤에는 사라집니다. 그래서 도롱뇽 무리를 꼬리가 있다는 뜻으로 유미목(有尾目), 개구리 무리를 꼬리가 없다는 뜻으로 무미목(無尾目)이라고 해요.

무리는 이렇게 큰 틀을 기준으로 나누고, 종은 조금 더 세세한 부분을 비교해 구별합니다. 다음 표에 각 종을 가르는 기준을 실었으니 함께 살펴볼까요?

도롱뇽 무리 (유미목)	성체는 꼬리가 있다.	발가락 사이에 작은 물갈퀴가 있으며 낙엽과 비슷한 색을 띤다.			이끼도롱뇽
		발가락 사이에 작은 물갈퀴가 없다.	꼬리가 몸통보다 길며, 몸은 노랗거나 보라색이고 큰 얼룩무늬가 있다.		꼬리치레도롱뇽
			꼬리 길이가 몸통 길이와 비슷하거나 짧다.		도롱뇽 고리도롱뇽 제주도롱뇽 꼬마도롱뇽
개구리 무리 (무미목)	성체는 꼬리가 없다.	앞다리와 뒷다리 길이가 비슷하다.	몸통이 둥글고 몸통에 비해 머리가 작다.		맹꽁이
			배가 붉은색이나 주황색이며 검은 무늬가 있다.		무당개구리
			배가 흰색이나 노란색이며 무늬가 없다.	머리가 몸통에 비해 크고 다리가 짧고 두껍다.	두꺼비
				머리가 몸통에 비해 작고 다리가 가늘고 길다.	물두꺼비
		앞다리보다 뒷다리가 길어 펄쩍펄쩍 뛰어다닌다.	등 가운데에 줄무늬가 있고 등에 길쭉한 돌기가 있다.		참개구리
			등에 점 같은 돌기가 조금 있거나 없으며 배가 노랗다.		금개구리
			물가에서 보이며, 온몸이 갈색이고, 몸통과 다리에 길쭉한 돌기가 있다.		옴개구리
			산지에서 보이며, 몸이 갈색이다.		산개구리 한국산개구리 계곡산개구리
			대부분 평야 지대에 살며, 고막 뒤에 있는 줄무늬가 꺾여 있다.		황소개구리
		발가락 끝이 두툼하고 빨판이 있으며, 발바닥이 끈적거린다.	몸통에 비해 머리가 크고 수컷은 대개 땅에 앉아 운다.		청개구리
			주로 식물 줄기를 잡고 올으며 앞발이 작다.		수원청개구리

1 도롱뇽 유생. 알에서 나온 지 2~3일 되었다. 꼬리가 있고 머리 양쪽으로 평형간이 보이며, 작은 앞다리와 뒷다리도 보인다.
2 도롱뇽 성체. 어른이 되어서도 꼬리가 있다.
3 수원청개구리 올챙이. 15일 정도 자랐으며 꼬리가 보인다.

청개구리 성체. 꼬리가 없다.

● 한반도에 사는 양서류 분류 체계

생물을 연구할 때는 분류 체계라는 것에 따라 종 목록을 정리해 한눈에 알아보려고 노력합니다. 분류 체계는 여러 생물의 공통점을 찾아서 큰 무리로 묶고, 그 안에서 또 다른 공통점을 찾아 작은 무리로 모둠 짓기를 거듭하다가 끝자락에 이르러서 더 이상 공통점을 찾을 수 없는 생물 하나만 남으면 그것을 '종'이라고 정의하는 방식입니다. 보통 계>문>강>목>과>속>종 단계로 나눕니다.

우리가 양서류라고 일컫는 것은 동물계>척삭동물문>양서강에 속한 동물을 가리킵니다. 처음 나오는 '동물계'는 식물계와 구별하는 말로, 스스로 움직여 돌아다닐 수 있는 생물 모둠입니다. 식물은 살아 있지만 돌아다니지 못해서 한곳에 자리 잡고 살지요. 그 다음으로 나오는 '척삭동물문'이란 스스로 돌아다니는 생물 가운데 등뼈인 척추가 있거나 몸을 지탱하는 물질인 척추가 있는 동물 모둠입니다. 그 다음인 '양서강'은 척삭동물 가운데 몸이 축축하고, 어려서는 아가미로 호흡하다가 다 자라서는 피부와 폐로 호흡하는 무리입니다.

이어서 생활 습성과 생김새 공통점에 따라 목, 과, 속 단위로 나누고 더 이상 다른 생물과 공통점이 없는 단계에 이르면 '종'이라고 부릅니다. 이 책에서는 과 단위부터 나눠 자세히 소개하니 각 과의 공통 특징과 그에 딸린 종들의 개성을 살펴볼 수 있습니다.

누구나 잘 아는 청개구리를 분류 체계에 따라 정확히 설명하고 싶다면 "동물계, 척삭동물문, 양서강, 개구리목, 청개구리과, 청개구리속에 속하는 청개구리"라고 말하면 됩니다. 지금까지 한반도에 산다고 알려진 양서류 목록을 다음 쪽에 펼쳐 실었습니다. 여기에서 한글 이름은 우리나라에서 공식적으로 부르는 이름(국명)이고, 뒤에 라틴어로 기울여 적은 이름은 전 세계에서 공식적으로 부르는 이름(학명)입니다. 학명은 어떤 종을 두고 나라마다 부르는 이름이 다를 때가 많아서 헷갈리니 제각각 나라에서는 뭐라고 부르든 국제적으로 소통할 때는 하나로 통일해서 부르자고 정한 이름입니다.

전 세계 연구자들과 함께 연구하려면 학명을 알아야 하고, 논문을 발표해 세계에 우리나라 생물을 알릴 때에도 학명 규칙을 꼭 지켜야 합니다. 세계에서 사용하는 학명이 옳지 않다고 생각한다면 논문으로 발표해 전 세계 학계의 동의를 얻어야 바꿀 수 있습니다.

맹꽁이. 분류 체계에 따라 이 종을 설명하면 동물계, 척삭동물문, 양서강, 개구리목, 맹꽁이과, 맹꽁이속에 속하는 맹꽁이다. 학명으로는 카롤라 보레알리스라고 말하고 쓸 때는 라틴어로 *Kaloula borealis*라고 기울여 쓴다.

● 한반도에 사는 양서류(양서강) 목록

도롱뇽목(유미목) Caudata
도롱뇽과 Hynobiidae

- 도롱뇽 *Hynobius leechii*
- 고리도롱뇽 *Hynobius yangi*
- 제주도롱뇽 *Hynobius quelpaertensis*
- 꼬마도롱뇽 *Hynobius unisacculus*
- 꼬리치레도롱뇽 *Onychodactylus koreanus*
- 백두산꼬리치레도롱뇽* *Onychodactylus zhangyapingi*
- 북꼬리치레도롱뇽* *Onychodactylus zhaoermii*
- 네발가락도롱뇽* *Salamandrella tridactyla*

미주도롱뇽과 *Plethodontidae*
- 이끼도롱뇽 *Karsenia koreana*

개구리목(무미목) Anura

무당개구리과 *Bombinatoridae*
- 무당개구리 *Bombina orientalis*

두꺼비과 *Bufonidae*
- 두꺼비 *Bufo gargarizans*
- 물두꺼비 *Bufo stejnegeri*
- 작은두꺼비 ✴ *Pseudepidalea raddei*

청개구리과 *Hylidae*
- 청개구리 *Dryophytes japonicus*
- 수원청개구리 *Dryophytes suweonensis*

맹꽁이과 *Microhylidae*
- 맹꽁이 *Kaloula borealis*

개구리과 *Ranidae*
- 참개구리 *Pelophylax nigromaculatus*
- 금개구리 *Pelophylax chosenicus*
- 옴개구리 *Glandirana emeljanovi*
- 아무르산개구리 ✴ *Rana amurensis*
- 한국산개구리 *Rana coreana*
- 북방산개구리 ✴ *Rana dybowskii*
- 산개구리 *Rana uenoi*
- 계곡산개구리 *Rana huanrenensis*
- 중국산개구리 ✴ *Rana chensinensis*
- 황소개구리 ✴ *Lithobates catesbeianus*

✴ 북한에만 사는 종   ✴ 외래종

● 이 책에서 쓴 용어

가능한 어려운 말을 쓰지 않으려고 노력했습니다. 그런데도 풀어 쓰면 말이 너무 길어지거나 쉬운 우리말로 바꿀 수 없는 몇몇 용어는 그대로 썼습니다. 본문에 자주 나오거나 양서류를 이해하는 데에 필요한 용어이니, 책을 보기에 앞서 다음 용어 뜻을 살펴 주세요.

머리몸통길이: 주둥이부터 총배설강까지 길이(꼬리가 없으며 다리를 접고 앉는 개구리 무리 길이를 나타낼 때)

전체길이: 주둥이부터 꼬리 끝까지 길이(꼬리가 몸 뒤로 뻗은 무리 길이를 나타낼 때)

총배설강: 배설 기관과 생식 기관이 하나로 연결된 주머니

외부아가미: 양서류에서 어린 시기에 몸 밖으로 나오는 아가미

생식혹: 개구리 무리에서 번식기 수컷 발가락에 생기는 단단한 돌기 또는 혹

포접: 개구리 무리에서 수컷이 짝짓기하고자 암컷 등에 올라타 꼭 끌어안는 행동

순치: 올챙이 입술에 여러 줄로 늘어선 까칠까칠한 돌기

귀샘: 두꺼비와 물두꺼비 눈 뒤에 있는 혹 모양 샘으로 독을 만들고 저장하는 기관

늑골주름: 도롱뇽 무리 몸통 옆면(늑골)에 있는 갈비뼈 모양 주름

서구개치열: 도롱뇽 무리 입천장 서골과 구개골에 나 있는 치열

평형간: 도롱뇽 유생 머리 좌우로 실처럼 뻗은 평형을 감지하는 기관

개체: 생물 분야에서 생물 하나하나를 가리킬 때 쓰는 말

유생: 곤충 애벌레나 개구리 올챙이처럼 어린 생물(이 책에서는 도롱뇽 무리의 어린 개체나 개구리 무리에서 올챙이 이전 단계를 뜻함)

성체: 다 자란 생물

1 참개구리 올챙이 순치. 이것으로 먹이를 갉아 먹는다.
2 도롱뇽 서구개치열. 도롱뇽은 입천장에 또 다른 이빨이 있다. 살아 있는 상태로 입 안에 들어온 먹이가 도망가지 못하도록 한다.
3 고리도롱뇽 늑골주름. 도롱뇽은 몸 좌우에 갈비뼈 모양 주름이 있다.

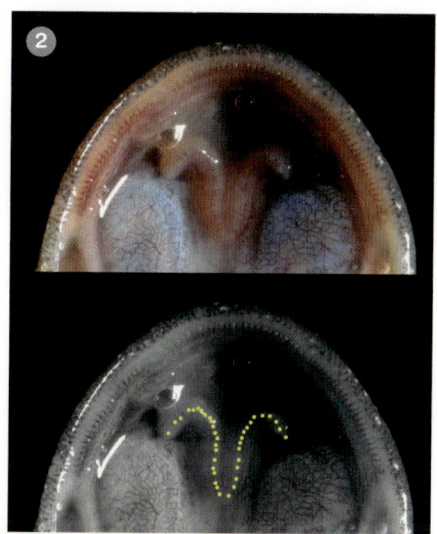

도롱뇽 무리

도롱뇽과 도롱뇽 · 고리도롱뇽 · 제주도롱뇽 · 꼬마도롱뇽 · 꼬리치레도롱뇽
미주도롱뇽과 이끼도롱뇽

도롱뇽. 눈이 툭 튀어나왔으며 피부가 축축하다. 몸에 다양한 색깔 점이 있다.

도롱뇽과

피부는 매끄럽고 부드러우며 늘 축축하다. 허물은 조금씩 조각으로 벗겨지는 일이 많지만 전체가 한 번에 벗겨지기도 한다. 축축한 피부로 숨 쉬기 때문에 덥고 건조한 상태를 견디지 못한다. 그래서 햇빛이 비치지 않고 습한 곳에서 숨어 지내다가 서늘해지는 밤에 주로 활동한다.

평소에는 뭍에서 지내며 번식기에는 주로 물속에서 지낸다. 추울 때는 행동이 느려지며 땅속으로 들어가거나 커다란 바위나 쓰러진 나무 밑에서 겨울잠을 잔다.

젤리 같은 물질로 싸인 알에서 육식성 유생이 나온다. 유생은 목덜미에 있는 빗자루 모양 외부아가미로 숨을 쉰다. 외부아가미는 탈바꿈을 끝낸 다음 뭍으로 올라갈 무렵 사라진다.

성체는 물을 들이마시거나 내뱉으면서 입이나 콧구멍 속 피부로도 숨 쉰다. 산간 계곡 주변에 주로 산다. 대개 폐는 매우 작으며 없는 무리도 있다. 폐가 크면 부력이 커져 계곡 물살에 떠내려갈 수도 있기 때문이다.

도롱뇽, 고리도롱뇽, 제주도롱뇽, 꼬마도롱뇽은 생김새가 비슷하지만 꼬리치레도롱뇽은 무늬가 밝고 꼬리가 무척 길어 차이가 난다.

1 **고리도롱뇽**. 생김새만 보고는 도롱뇽과 구별하기가 어렵다. 다만, 전형적인 고리도롱뇽은 도롱뇽에 비해 잔점이 흐릿하며, 몸 색깔이 은은하다. 수컷은 몸이 검다.
2 **꼬마도롱뇽**. 특히 바다 가까운 곳에 사는 개체의 크기가 작아서 꼬마도롱뇽이라고 이름 붙었다. 크기가 작고 머리가 길쭉하며, 몸에 있는 잔 점이 굵다(남해 개체).
3 **제주도롱뇽**. 알을 밴 암컷이다. 암컷 중에는 유난히 몸 색깔이 노란 개체도 있다.

도롱뇽과

꼬리치레도롱뇽. 몸은 노란색 바탕에 짙은 반점이 퍼져 있다. 눈이 유난히 튀어나왔고 꼬리도 길다.

도롱뇽과

도롱뇽

전체길이 7~12cm • **보이는 시기** 1~11월 • **겨울잠 시기** 11~2월 • **번식기** 1~5월 • **알 낳는 곳** 계곡, 작은 웅덩이, 논 • **사는 환경** 습기가 많은 산 비탈면이나 계곡 주변 습한 땅 • **사는 지역** 제주도와 남부 일부를 제외한 중북부

1

검은색이나 노란색 바탕에 밝은 남색, 흰색 등 다양한 색깔 점이 있다. 이른 봄, 계곡 주변에 있는 돌 틈이나 물속 나뭇가지, 흙바닥에 투명하고 바나나처럼 생긴 알 주머니를 2개 낳는다. 알 주머니 하나에는 알이 14~72개 들어 있다. 알을 낳은 뒤에 계곡 주변 뭍으로 올라와 습한 돌 틈이나 낙엽 속을 돌아다니며 지렁이, 곤충, 거미 등을 잡아먹는다.

1 **암컷**. 누르스름한 빛깔을 띠기도 한다. 알이 들어 있어서 수컷보다 배가 크다.
2 **유생**. 머리 양쪽에 3갈래로 나뉜 외부아가미가 있다. 외부아가미는 성체가 되면 사라진다.
3 **수컷**. 번식기에 암컷을 툭툭 치기도 하고, 나뭇가지를 잡고 몸을 흔들어 진동을 일으키면 주변에 있던 암컷이 다가온다.

도롱뇽, 고리도롱뇽, 제주도롱뇽, 꼬마도롱뇽 구별

도롱뇽속(*Hynobius*)에 속하는 4종을 사진 한 장이나 한 개체를 보고 구별하기란 불가능하다. 생김새가 워낙 비슷하고 변이 특징도 서로 겹칠 때가 많기 때문이다. 그동안 서구개치열, 늑골주름, 알 주머니 등을 비교 연구했지만 종을 구별할 만큼의 차이점을 찾지 못했다. 그래서 미토콘드리아 DNA 서열을 살펴야 정확하게 종을 구별할 수 있으며, 큰 틀에서 구별할 때는 발견 지역이 어디인지를 고려해야 한다.

026

1 **알 주머니**. 나뭇가지에 잇달아 붙여 낳는다. 봄에 가뭄이 들면 이렇게 밖으로 드러나기도 한다.
2 **짝짓기**. 1~5월 사이 해가 진 뒤에 무리 지어 번식한다.
3 **알을 낳고 있는 암컷**. 바닥에서 혼자 알을 낳기도 하지만, 주로 나뭇가지를 흔드는 수컷에게 다가가 도움을 받으며 나뭇가지에 알을 붙여 낳는다.
4 암컷이 알 주머니를 낳으면 수컷은 알 주머니에 정액을 쏟는다.

도롱뇽과

1 공격을 받으면 꼬리를 들고 살살 흔든다.
2 알 주머니 속에 들어 있는 알들은 한 달에 걸쳐 유생으로 자란 뒤에 알에서 나온다.
3 수컷은 얼음이 다 녹지 않은 1월부터 활동한다.

고리도롱뇽

전체길이 8~12cm • **보이는 시기** 1~11월 • **겨울잠 시기** 11~2월 • **번식기** 1~4월 • **알 낳는 곳** 계곡, 작은 웅덩이, 논 • **사는 환경** 습기가 많은 산 비탈면이나 계곡 주변 • **사는 지역** 울산, 부산, 밀양 주변

도롱뇽과 유전적으로 크게 다르지 않으며 많은 곳에서 도롱뇽과 함께 지내고 번식하기도 한다. 전형적인 고리도롱뇽은 도롱뇽에 비해 점이 은은하다. 1990년대에 부산시 기장군 고리원자력발전소 주변에서 처음 발견되었으며, 2003년 새로운 종으로 기록되었다. 이른 봄, 산 주변에 있는 논도랑, 습지에 있는 돌이나 나뭇잎에 알 주머니를 붙인다.

도롱뇽과

1 **암컷**. 몸은 노란빛을 띠며 알이 들어 있어서 배가 크다. 알을 낳기 직전에는 총배설강 부분이 동그랗게 부어오른다.
2 **수컷**. 몸 전체가 검은 개체가 많다. 번식기에 총배설강 주변이 부어오르며 가운데에 좁쌀만 한 돌기가 있다.

1 **알 주머니**. 알은 까만색 또는 노란색이다.
2 태어날 때부터 앞뒤 다리가 모두 있으며, 앞다리가 뒷다리보다 크고 더 빠르게 자란다.
3 알 주머니 하나에 수컷 여러 마리가 달라붙어 정액을 쏟기도 한다.

도롱뇽과

1 수컷. 다른 도롱뇽에 비해 몸에 난 점이 작고 은은하며 눈도 더 검다.
2 번식기에는 꼬리를 땅에 대고 물에 떠 있는 자세로 있을 때가 많다.
3 번식이 끝난 뒤에는 습기가 많은 곳에서 지낸다.

도롱뇽과

035

제주도롱뇽

전체길이 9~12cm • **보이는 시기** 1~11월 • **겨울잠 시기** 11~2월 • **번식기** 1~4월 • **알 낳는 곳** 계곡, 작은 웅덩이, 논 • **사는 환경** 습기가 많은 산 비탈면이나 계곡 주변 • **사는 지역** 전라남도 남부와 제주도

도롱뇽과 매우 닮아 겉모습만으로는 구별하기 어렵다. 제주도에 사는 개체는 주로 검은 돌이 있는 곳에서 생활해서인지 검은색을 많이 띠며, 전라남도에 사는 개체보다 조금 더 크다. 대개 밤에 활동하며 곤충, 거미 등을 먹는다. 11월 중순에 돌, 쓰러진 고목 아래로 겨울잠을 자러 들어간다. 알이 부화하는 데는 30일 정도 걸리며 유생은 80~90일이 지나면 성체가 된다.

도롱뇽과

1 암컷. 다른 도롱뇽과 마찬가지로 노란색을 띠는 개체가 있다.
2 수컷. 암컷에 비해 날씬하며 몸 색깔은 다양하다.

1 유생 시기가 끝나는 개체. 외부아가미가 사라지고 있다.
2 돌 밑에 알 주머니를 붙여 낳을 때가 많다. 제주도 계곡에는 내륙보다 돌이 적어서 나뭇가지에 붙여 낳을 때가 조금 더 많다.
3 위험에 처하면 꼬리를 들어 좌우로 살살 흔든다. 공격자가 머리나 몸통이 아닌 꼬리에 신경 쓰도록 하려는 의도로 보인다.
4 제주도에 사는 수컷. 검은 현무암 지대가 많아 주변과 비슷하게 몸이 검은 개체가 많다.

도롱뇽과

도롱뇽과

1 몸 옆면에 밝은 남색 잔 점이 유난히 많은 수컷이다. 전라남도에서 조금 더 자주 보인다.
2 **전라남도 매화도에 사는 수컷.** 낮에 습한 돌 밑에 숨어 있었다.

꼬마도롱뇽

전체길이 7~10cm • **보이는 시기** 1~11월 • **겨울잠 시기** 11~2월 • **번식기** 1~4월 • **알 낳는 곳** 계곡, 작은 웅덩이, 논 • **사는 환경** 습기가 많은 산 비탈면이나 계곡 주변 • **사는 지역** 전라남도, 경상남도

2016년에 새로운 종으로 기록되었다. 전라남도 고흥, 순천, 여수, 경상남도 의령, 통영, 거제, 창원에 산다. 바다 가까운 곳에 사는 개체의 알 주머니와 성체 크기가 작아서 꼬마도롱뇽이라고 이름 붙였지만 내륙에 사는 개체는 도롱뇽과 크기가 비슷하다. 고흥에서는 논둑 속에 알을 낳기도 한다.

1 **암컷**. 다른 도롱뇽에 비해 머리가 길다. 총배설강은 직선이며, 알을 낳기 전에 총배설강 주변이 동그랗게 부어오른다.
2 **수컷**. 몸에 난 검은 점이 다른 도롱뇽에 비해 크다. 번식기에 총배설강 주변이 부어오르며 가운데에 좁쌀만 한 돌기가 있다.

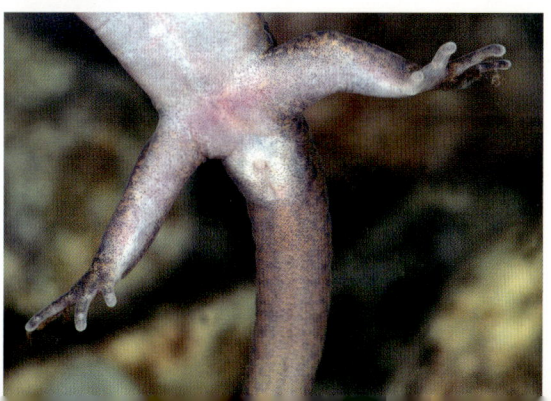

1 **부화한 지 4일 된 유생.** 앞다리는 뚜렷하지만, 뒷다리는 아직 흔적만 조금 보인다.
2 **알 주머니.** 전라남도 외나로도 바다 주변 조그만 논에 있는 웅덩이에서 관찰했다. 아주 작은 알 주머니도 보인다. 바다 근처에 사는 다른 종에서도 이런 현상이 나타난다.
3 **알 주머니.** 물기가 많은 논둑의 돌 아래에 있었다. 땅속으로 물이 흐르는 곳에 알을 낳기도 한다.
4 지렁이를 먹고 있다.
5 경상남도 통영에서 2월에 관찰한 아주 작은 개체

도롱뇽과

045

번식기 암수의 가장 흔한 모습. 다른 종처럼 암컷(뒤)이 수컷(앞)보다 노랗다.

1 **도롱뇽 HC3**. 경상남도 거제도 동부저수지를 중심으로 관찰된다.
2 **도롱뇽 HC4**. 경상남도 의령, 창원에서 주로 관찰되며 다른 도롱뇽보다 몸집이 크고 유난히 노란 알을 낳는다.
3 **제주도롱뇽 HC5**. 전라남도 거금도, 보성, 남원에서 적은 수가 관찰된다. 몸 옆면에 연한 남색 잔 점이 많은 개체가 있었다. ⓒ 김대호
4 **꼬마도롱뇽 HC1**. 경상남도 거제, 통영을 중심으로 보이며 유난히 작은 알을 낳기도 한다.

미토콘드리아 DNA를 비교해 발견한 신종 후보 4종

앞서 소개한 도롱뇽 말고도, 도롱뇽 4종이 신종 후보로 올라 있다. 임시로 HC라는 기호를 붙였고, 도롱뇽 친척 2종(HC3, HC4), 제주도롱뇽 친척 1종(HC5), 꼬마도롱뇽 친척 1종(HC1)이다. 도롱뇽은 생김새로 종을 구별하기가 어려워 미토콘드리아 DNA를 비교해 다른 종이라는 것을 밝혔다.

꼬리치레도롱뇽

전체길이 13~22cm • **보이는 시기** 4~10월 • **겨울잠 시기** 10~3월 • **번식기** 5~7월 • **알 낳는 곳** 땅속으로 흐르는 물 주변 돌이나 바위 • **사는 환경** 산간 계곡 주변 비탈 • **사는 지역** 경기도, 충청도, 전라도

1

유난히 긴 꼬리를 이리저리 휘두르는 모습에서 이런 이름이 붙었다. 몸은 노란색이나 황갈색 바탕에 검은 점이 있다. 5~7월에 땅 밑으로 흐르는 물 주변 돌에 알이 6~26개 든 연노랑 알 주머니를 붙여 낳는다. 부화하기까지 6개월 정도 걸린다. 유생은 2년 동안 물속에서 지내며 3년째에 탈바꿈을 끝내고 뭍으로 올라간다. 유생 발톱은 까맣고, 물살에 떠내려가지 않도록 발톱으로 바위틈을 붙잡는다. 성체는 번식기가 되면 발가락 끝 일부가 검게 변한다. 그래서 북한에서는 발톱도롱뇽이라고 부른다.

도롱뇽과

1 **암컷**. 4~5월에 계곡 주변에서 보인다. 알이 들어 있어서 배가 크고, 보라색을 띠는 개체가 많다.
2 **수컷**. 계곡 주변 돌 밑이나 경사가 심한 작은 물줄기 주변에서 보인다.

050

1 **유생.** 머리 앞쪽이 반듯한 ㄷ자 모양이어서 둥그스름한 다른 종 유생과 구별된다. 유생으로 3년 정도 지낸 뒤에 탈바꿈하고 땅으로 올라간다.
2 **알 주머니.** 땅 밑으로 흐르는 물속 바위에 노란 알 6~26개가 들어 있는 알 주머니 2개를 붙여 낳는다.
3 번식기에는 발가락 끝에 까만 무늬가 생긴다.

습기가 많고 경사가 심한 계곡 주변 돌무더기나 낙엽 속에서 지낸다.

도롱뇽과

꼬리치레도롱뇽 sp.

2011년 새로운 종으로 발표되었지만 아직 학명과 국명이 정해지지 않았다(신종 후보이거나 아직 정확히 무슨 종인지 모를 때 종을 뜻하는 영어 species의 약자 sp.를 붙인다). 경상남도 양산 천성산에서 확인되었으며 몸에 있는 검은 무늬가 매우 짙다. 부산 기장, 경상남도 밀양 등지에서 관찰된 개체도 유전자가 비슷하다.

1 꼬리치레도롱뇽 신종 후보 성체
2 꼬리치레도롱뇽 신종 후보 유생

미주도롱뇽과

우리나라에는 2003년 미국인 스티븐 카슨(Stephen J. Karson)이 대전 장태산에서 처음 발견한 이끼도롱뇽 1종만 산다. 속명 카세니아(*Karsenia*)는 그의 이름에서 따왔으며, 국명은 이끼가 잘 자라는 습한 계곡 너덜 지대에서 많이 관찰되는 데서 따왔다. 한편 전 세계 도롱뇽 무리 가운데서는 미주도롱뇽과의 종과 개체 수가 가장 많다. 특히 아메리카와 유럽에 많이 살아 미주도롱뇽과라고 부른다.

다른 도롱뇽에 비해 몸이 가늘며, 몸 색깔은 낙엽색과 비슷하다. 등은 진한 갈색이나 적갈색 바탕에 작은 노란색 점이 있고 배에는 흰색 점이 있다. 눈이 툭 튀어나왔으며 꼬리가 길다. 콧구멍에서 윗입술에 걸쳐 얕은 홈이 있다. 이 홈으로 물이 흐르며 흙에서 나는 냄새를 코로 전달한다.

폐가 없어 피부와 입 속 피부로 숨을 쉰다. 피부로 숨 쉬려면 피부 아래 모세혈관을 지나는 혈액이 산소를 받아들일 수 있도록 피부가 늘 젖어 있어야 한다. 그래서 대부분 습한 장소에서 숨어 지내다가 서늘하고 습도가 높은 밤에 나와 활동한다. 기초대사율이 매우 낮아 아주 적은 에너지로도 살아남을 수 있으며, 먹이를 많이 먹으면 지방으로 따로 저장한다.

암컷은 지름 1mm 정도인 알 40~80개를 1년 정도 몸속(난소)에 품으며, 그중 6~12개만 지름 4~5mm 알로 성숙한다. 알이 성숙하는 해 가을이나 이듬해 봄에 짝짓기하며, 암컷은 수컷에게서 받은 정자 주머니(정포)를 몸에 품고 있다가 필요할 때 수정시키는 것으로 보인다. 암컷은 6~7월에 계곡이나 습한 너덜 지대, 동굴에 있는 3~4cm 틈에 들어가 거꾸로 매달린 채로 알을 하나씩 붙여 낳는다. 알 속에서 유생 시기까지 지내고 늦가을 무렵 부화한 개체는 바로 겨울잠에 들어가 이듬해부터 활동하는 것으로 보인다.

미주도롱뇽과

이끼도롱뇽. 몸 색깔이 낙엽과 비슷하며, 흰색 잔 점이 있다. 윗입술에서 콧구멍으로 이어지는 홈이 있다.

미주도롱뇽과

이끼도롱뇽

전체길이 6~10cm • **보이는 시기** 3~11월 • **겨울잠 시기** 11~3월 • **번식기** 5~7월 • **알 낳는 곳** 습한 땅에 있는 돌 윗면 • **사는 환경** 습한 낙엽 층이나 너덜 지대 • **사는 지역** 경상북도, 충청도, 전라도, 강원도(전국에 분포할 가능성도 있음)

①

다른 도롱뇽과 달리 물속에서 생활하지 않고, 축축하고 부드러운 흙이 뒤섞인 산비탈에 있는 돌이나 낙엽 밑에서 생활한다. 폐가 없고 피부로 숨을 쉰다. 암컷은 물속이 아닌 땅에 있는 돌 틈이나 동굴 천장에 알을 하나씩 붙여 낳는다. 경사가 심한 곳에서는 배로 바닥을 쳐 튕겨 오를 뿐만 아니라 꼬리를 감은 다음 용수철처럼 튕겨서 이동하기도 한다. 애벌레나 개미 같은 작은 곤충을 먹는다.

미주도롱뇽과

1 수컷(위)이 암컷(아래)보다 홀쭉하고 꼬리가 길다.
2 2~4월에 1~2cm만 한 작은 개체가 계곡 주변 돌 틈에서 관찰된다. 아마도 알에서 유생 시기를 마치고 성체가 되어 나온 뒤에 겨울을 난 것 같다.
3 알. 습기가 많은 돌 틈이나 천장에 알을 하나씩 붙여 낳는다. ⓒ 문광연

미주도롱뇽과

1 자라면서 허물을 벗는다. 허물은 대부분 작은 조각으로 떨어지는데, 어릴 때에는 한꺼번에 벗겨지기도 한다.
2 습한 곳에 같이 사는 산거머리가 이끼도롱뇽을 통째로 먹기도 한다.

미주도롱뇽과

1 이끼가 잘 자라는 습한 곳의 낙엽이나 잔돌 속에서 지낸다.
2 숲이 우거져 그늘진 계곡 주변 낙엽과 잔돌이 많은 환경에서 주로 산다.

개구리 무리

무당개구리과 무당개구리 **두꺼비과** 두꺼비 · 물두꺼비
청개구리과 청개구리 · 수원청개구리 **맹꽁이과** 맹꽁이
개구리과 참개구리 · 금개구리 · 옴개구리 · 한국산개구리 · 산개구리 · 계곡산개구리 · 황소개구리

무당개구리과

작고 원시적인 무리이며, 주로 유럽과 아시아에 퍼져 산다. 우리나라에는 무당개구리 1종만 있다. 붉은 바탕에 검은 무늬가 있는 배가 무당 옷과 비슷하다고 해서 무당개구리라는 이름이 붙었으며, 개구리를 만지고 나서 눈을 비비면 눈이 맵다고 해서 고추개구리라고도 부른다. 제주도에서는 개구리를 말려 갈아서 소화제로 썼기에 약개구리라고도 부른다. 북한에서는 밝은 초록색을 비단과 연관 지어 비단개구리라고 부른다.

몸은 매우 납작하며 피부에 돌기가 있다. 등 색깔은 사는 곳에 따라 조금씩 다르다. 백두대간 주변에 사는 개체는 밝은 초록색이며, 다른 지역 개체는 연한 초록색이나 갈색 바탕에 검은 무늬가 있다. 배는 빨간색이고 돌기가 없이 매끄럽다.

공격을 받으면 머리와 다리를 높이 들고는 죽은 척하며 몸에서 끈적이는 물질을 내보낸다. 이 물질에 독이 있어 독개구리로 알려졌지만 혹시 사람이 독을 먹더라도 목숨이 위험할 정도는 아니다.

무당개구리 올챙이. 배에는 거미줄 같은 그물 무늬가 있다. 입 주변 순치는 윗입술에 2줄, 아랫입술에 3줄이 있다.

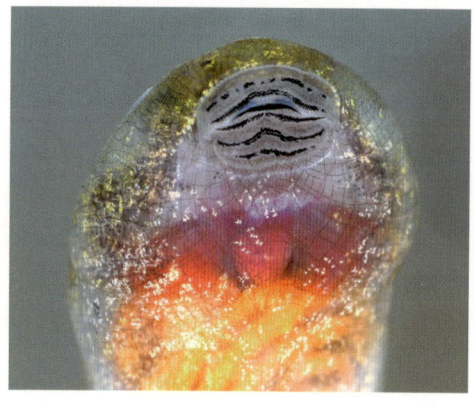

무당개구리과

무당개구리 수컷. 강원도 무당개구리는 밝고 진한 초록색이다.

무당개구리

머리몸통길이 3~5cm • 보이는 시기 4~10월 • 겨울잠 시기 11~3월 • 번식기 4~7월 • 알 낳는 곳 물이 고인 작은 웅덩이, 논 • 사는 환경 산림, 계곡 주변 • 사는 지역 전국

등은 바탕이 초록색이나 갈색이며 얼룩무늬와 크고 작은 돌기가 있다. 배는 붉은색이며 검은 무늬가 있다. 4월쯤 겨울잠에서 깨어난 수컷들이 떼 지어 "홍홍홍"하며 낮고 느리게 울면 암컷이 다가온다. 야산 주변 논이나 비가 온 뒤 생기는 얕은 웅덩이에 알을 하나씩 낳으나 여러 개가 뭉쳐서 주변 식물이나 바닥에 붙는다. 여러 쌍이 같은 장소에서 알을 낳는다.

무당개구리과

1 암컷. 배가 주황색이다. 번식기에는 수컷보다 뚱뚱해진다.
2 수컷. 몸은 초록색이나 갈색을 띠며 검은 무늬가 있다. 암컷보다 배가 더 붉다.

무당개구리과

1 **올챙이.** 위에서 보면 몸통이 오각형에 가깝다. 머리 쪽이 뾰족하며 좌우로 넓게 퍼졌다.
2 **알.** 커다란 알을 한 개씩 낳지만, 알들이 주변 식물이나 돌 또는 다른 알에 달라붙어 20개 미만씩 덩어리를 이루기도 한다.
3 수컷은 암컷 허리 부분을 껴안고 있다가 암컷이 알을 낳으려 하면 몸을 ㄷ 자로 꺾어 자기 총배설강을 암컷 총배설강에 최대한 가까이 갖다 댄다.

1 앞발은 바로 두고 뒷발 추진력으로 헤엄친다.
2 적이 다가오면 앞뒤 발을 위로 들고 방어 자세를 취한다.
3 충청도, 전라도, 제주도 개체들은 초록색보다는 갈색을 많이 띤다.

무당개구리과

073

두꺼비과

두꺼비 암수. 수컷이 암컷 앞가슴을 앞발로 끌어안는다. 수컷이 암컷보다 작고 옆에서 보면 주둥이가 더 뾰족하다.

우리나라에는 두꺼비와 물두꺼비 2종이 있다. 두꺼비는 제주도를 제외한 모든 지역에 살며 물두꺼비는 강원도에서부터 경상도에 이르는 산과 계곡 지역을 중심으로 퍼져 산다. 두꺼비라는 이름은 몸이 두툼한 데서 따왔다.

앞다리보다 뒷다리가 길어 멀리 뛸 수 있는 개구리와 달리 두꺼비는 앞뒤 다리 길이가 비슷해 엉금엉금 기거나 낮고 짧게 뛸 뿐이다. 그래서 포식자를 마주치면 뛰어서 도망치기보다는 가만히 포식자를 바라보며 몸을 부풀리고 피부에서 진득진득한 액체를 내보낸다. 몸을 지키는 이 액체는 머리 뒤쪽에 있는 귀샘에서 나온다.

성체는 대개 뭍에서 생활한다. 구멍을 잘 파며 낮에는 대부분 구멍 속에서 숨어 지낸다. 물두꺼비는 여름 동안 산 주변에서 지내다가 기온이 내려가는 8월 말부터 10월까지 겨울잠 잘 곳을 찾아 계곡으로 옮겨 간다. 이 무렵에 수컷이 암컷 등에 올라타며, 이대로 이듬해 산란기인 4월까지 겨울잠을 자기도 한다.

다른 무리에 비해 번식기가 매우 짧다. 번식기에 수컷은 가까이에서 움직이는 작은 것이 있으면 무엇이든 달려들어 끌어안으려고 한다. 수컷들은 짝을 이루고자 암컷 한 마리를 두고 격렬하게 싸우며, 포접에 성공하면 암컷을 단단히 붙잡고 놓지 않는다. 수컷 앞다리 근육과 1~3번째 발가락에 사포처럼 까칠까칠한 생식혹이 있는 이유다. 개구리처럼 커다란 울음주머니가 없어 번식기에 수컷은 가냘픈 소리로 울며 암컷을 부른다.

1 **물두꺼비 암수.** 수컷이 암컷보다 짙은 갈색을 띠는 개체가 많으며, 피부가 물에 부푼 듯한 것이 특징이다.

2 두꺼비 암컷(위)과 물두꺼비 한 쌍(아래)이 함께 있는 것을 10월에 관찰했다.

산란은 기온 영향을 많이 받는다. 포근한 날이 이어지면 한 번에 알을 낳기도 하지만, 알을 낳다가 추워지면 잠시 멈추었다가 날이 풀리면 3~4차례에 걸쳐 이어 낳기도 한다. 물이 느리게 흐르는 곳 돌 아래에 목걸이처럼 생긴 알 주머니를 낳고, 알 주머니가 물살에 떠내려가지 않도록 물속 식물이나 돌에 감아 둔다. 알은 자유롭게 헤엄치는 올챙이 단계를 거친 다음 탈바꿈한다.

두꺼비

머리몸통길이 8~17cm • 보이는 시기 2~10월 • 겨울잠 시기 11~2월 • 번식기 2~3월 • 알 낳는 곳 논이나 작은 웅덩이, 저수지 • 사는 환경 산지나 밭 주변 • 사는 지역 제주도를 제외한 전국

①

어른 손바닥보다 크고 두툼하며 온몸에 돌기가 나 있다. 밤이나 흐린 낮에 밖으로 나와 어기적어기적 기어 다니며 곤충이나 작은 동물을 잡아먹는다. 공격을 받으면 몸을 부풀리며 진득거리는 흰색 액체를 내보낸다. 2월쯤 겨울잠에서 깨면 수컷들은 논이나 저수지로 모여들어 "콕콕콕"하는 날카롭고 높은 소리로 운다. 그 소리를 듣고 암컷이 다가오면 여러 마리 수컷이 서로 암컷 등에 올라타려고 경쟁한다. 짝을 짓고 나면 수컷이 암컷 등에 탄 채로 물풀이 많은 곳을 돌아다닌다. 알 주머니를 2줄씩 식물에 걸어 놓으며, 알 주머니 총 길이는 12~19m이다. 올챙이는 대개 까만색에 가깝고 무리 지어 헤엄친다. 성체가 되면 물가 돌이나 풀 밑에 모여 있다가 흐린 날에 무리 지어 산으로 이동한다.

두꺼비과

1 암컷. 덩치가 크고 머리가 뭉툭하다.
2 수컷. 암컷보다 많이 작고 옆에서 보면 머리가 조금 더 뾰족하다.

1 **올챙이.** 검은색에 가까운 갈색을 띠며 무리 지어 지낸다.
2 **알 주머니.** 얕은 논에 한 쌍이 이만큼 낳았다.
3 알 주머니를 낳고 있다. 한 번에 길게 다 낳는 게 아니라, 암컷이 15~30cm 길이로 낳으면 수컷이 정액을 뿌려 수정시키고는 식물 줄기 같은 것에 건다. 그런 뒤에 길게 끌고 가서는 멈춰서 다시 알 주머니를 낳고 수정시키기를 반복한다.
4 두꺼비 올챙이들은 큰 덩어리를 이루어 함께 움직인다.

두꺼비과

유혈목이와 두꺼비가 서로 맞서고 있다. 두꺼비는 유혈목이가 삼키지 못하도록 최대한 몸을 부풀리며 버틴다.

두꺼비과

1 포접한 채 헤엄칠 때는 주로 암컷이 뒷다리로 헤엄치고 수컷은 무임승차 한다.

2 수컷 앞발에 까맣고 거칠며 딱딱한 생식혹이 있다. 이것 때문에 암컷 배를 잡았을 때 미끄러지지 않는다. 생식혹은 앞발 윗면에 있어서 손을 뒤집어 윗면으로 암컷을 끌어안으면 손바닥이 보인다.

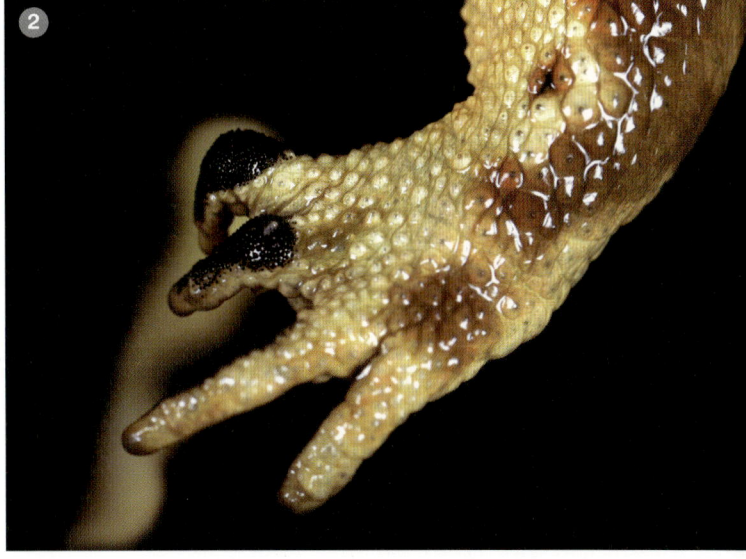

물두꺼비

머리몸통길이 5~7cm • 보이는 시기 3~9월 • 겨울잠 시기 9~3월 • 번식기 4~5월 • 알 낳는 곳 물 흐름이 느린 작은 지류, 하천과 하천이 만나는 곳 돌 밑 • 사는 환경 산림, 산골짜기 • 사는 지역 강원도 및 동쪽 백두대간 주변

두꺼비와 많이 닮았지만 참개구리만큼 작으며 다리가 가늘고 길다. 두꺼비에 비해 고막이 잘 보이지 않는다. 물속에서 생활하기 알맞게 뒷발에 물갈퀴가 있다. 뭍에서 생활하다가 겨울잠 잘 시기에 계곡에 있는 돌 밑으로 옮겨 가며, 가을에 포접한 채로 겨울잠을 자기도 한다. 겨울잠을 잘 때는 피부가 물에 불어 미끈거린다. 4~5월에 물이 느리게 흐르는 계곡 돌 밑에 염주처럼 생긴 노란색 알 주머니를 물에 떠내려가지 않도록 감아 낳는다. 갓 부화한 올챙이는 10~100마리가 모여 지내다가 자라면서 차츰 흩어진다. 올챙이는 커다란 입으로 돌에 붙은 조류나 물이끼를 뜯어 먹으며, 돌에 수직으로 붙어 있을 때가 많다.

두꺼비과

1 **암컷**. 수컷보다 뚱뚱하며 다리도 짧다.
2 **수컷**. 진한 갈색에서 붉은색까지 색깔이 다양하며 다리가 유난히 길어 보인다.
3 **올챙이**. 입이 몸 아래에 있어 물살이 센 곳에서도 돌에 붙어 먹이를 먹을 수 있다.

1 **알 주머니.** 노란색을 많이 띠며 물에 떠내려가지 않도록 돌 밑에 낳는다.
2 10월에서 다음 해 4월까지 많은 쌍이 포접한 채로 지낸다. 그래서인지 몸이 물에 퉁퉁 불었을 때가 많다. 알을 낳으면 뭍으로 올라간다.

두꺼비과

두꺼비과

1 **올챙이.** 몸에 금빛 잔 점이 많고 눈 주위가 밝게 빛난다.
2 알에서 막 깨어난 올챙이들. 물살이 세지 않은 곳이지만 그래도 떠내려가지 않으려고 돌 틈에 꼭 붙어 있다.

청개구리과

우리나라에는 청개구리와 수원청개구리 2종이 있다. 청개구리는 전국에 퍼져 살며, 수원청개구리는 경기도, 충청도, 전라도, 강원도 일부 지역에서 작은 무리로 관찰된다. 청개구리라는 이름은 눈에 많이 띄는 번식기에 몸 색깔이 초록색인 데서 따왔다. 옛날에는 초록색 계열도 푸르다고 표현했으므로 청(靑) 자가 붙은 듯하다. 영명은 Tree frog로, 번식기가 끝나면 나무에서 쉬거나 먹이 활동을 하는 데서 따왔다.

개구리 무리 가운데 가장 몸이 납작해서 몸무게를 몸 전체에 고르게 분산시킬 수 있다. 그래서 나뭇가지나 이파리에서도 균형을 잡으며 움직일 수 있다. 앞뒤 발가락 끝이 부풀고 끈적끈적하며, 둥근 빨판이 있어서 미끄러운 곳도 쉽게 오를 수 있다. 이런 특징 때문에 다른 개구리와 달리 화장실, 수조, 하수관 등에서 살기도 한다.

어두운 곳에 있으면 몸이 갈색으로 바뀌기도 하지만, 주변 환경보다는 기온에 따라 몸 색깔이 바뀌는 일이 더 많다. 기온이 낮은 가을부터는 대개 짙은 갈색이며, 기온이 오르는 봄부터는 다시 초록색으로 변한다.

청개구리는 봄에 논이나 웅덩이 주변에서 수컷이 울면서 암컷을 불러 번식한다. 번식이 끝나면 농로나 야산 근처에 있는 나무나 건물로 올라가 낮에는 틈에 숨어 지내다가 밤이면 나뭇잎이나 가로등 주변으로 나와 먹이를 찾는다. 수원청개구리는 논에서 멀리 벗어나지 않는 편이며, 벼나 콩, 옥수수 같은 작물 위나 농수로 갈대 속에서 생활한다.

청개구리과

청개구리. 주로 땅에 앉아서 울며, 몸통에 비해 머리가 크고 진한 초록색을 띤다.

수원청개구리. 노란빛이 도는 연한 초록색이거나 푸른빛이 도는 초록색을 띠기도 한다. 수컷은 울음주머니가 노랗고, 발끝까지 초록빛이 도는 개체가 많다.

청개구리과

청개구리

머리몸통길이 3~5cm • 보이는 시기 4~11월 • 겨울잠 시기 11~3월 • 번식기 4~7월 • 알 낳는 곳 논이나 작은 웅덩이 • 사는 환경 산지나 논밭 주변 • 사는 지역 전국

1

어른 엄지손가락만 하며, 발가락 끝이 끈적끈적하고 동그랗게 부풀어 있어 나무나 벽을 쉽게 오를 수 있다. 알을 낳기 전에는 논이나 웅덩이에서 생활하지만 알을 낳은 뒤에는 주변 야산의 나무나 덤불 속에서 생활한다. 번식기인 4월 무렵에 수컷은 목 앞에 달린 울음주머니를 크게 부풀려 시끄럽게 울면서 암컷을 부른다. 짝을 이루고 나면 머리 쪽은 물속에 넣고, 꽁무니 쪽은 물 밖으로 내민 상태에서 암컷은 알을 5~15개씩 낳고, 수컷은 수정시킨 다음 다리를 휘저어 알을 주변으로 퍼뜨리는 행동을 수십 번 되풀이한다. 여름에 비가 오면 나무에 있던 개체들끼리 "깩깩깩깩" 하고 울어 대기도 한다.

청개구리과

1 **암컷**. 수컷보다 몸이 둥글고 산란기에는 배가 커진다.
2 **수컷**. 초록빛이 진하며 목 밑은 검거나 연한 노란색을 띤다.
3 **올챙이**. 유난히 눈이 튀어나와서 위에서 보면 오각형에 가깝고 앞에서 보면 네모진 느낌이다.

097

청개구리과

1 **알.** 수면에 뜨며 작은 덩어리로 엉겨 붙는다. 그래서 소금쟁이의 밥이 되는 일이 많다.
2 암수가 같이 머리를 물속에 넣고 총배설강을 수면으로 향한 채 알을 낳고 퍼트리는 일을 되풀이한다.

1 수컷은 주로 땅에서 울지만 나무나 물속에서 울기도 한다.
2 가을이 되면 대부분 몸 색깔이 바뀐다.
3 가끔 푸른색인 개체도 보인다.

청개구리과

수원청개구리

머리몸통길이 2~4cm • **보이는 시기** 4~10월 • **겨울잠 시기** 11~3월 • **번식기** 4~7월 • **알 낳는 곳** 논이나 작은 웅덩이 • **사는 환경** 산지나 논밭 주변 • **사는 지역** 전라북도, 충청도, 경기도, 강원도 일부

청개구리와 생김새가 매우 비슷하지만 크기가 약간 작고 머리가 더 뾰족하며, 수컷 울음주머니가 더 노랗다. 그리고 앞뒤 발의 발가락까지 초록색인 개체가 많다. 모내기가 끝난 논에서 벼 줄기를 잡고 우는 행동으로도 청개구리와 구별하기도 한다. 등은 광택이 도는 노란색에 초록빛이나 푸른빛을 띤다. 배는 흰색이며 작은 돌기가 있다. 4월 말에서 7월 사이에 수컷은 모내기가 끝난 논에서 "챙챙챙"하는 높은 쇳소리를 내며 암컷을 부른다. 짝짓기가 끝나면 벼나 콩, 옥수수 같은 작물에 올라가 지낸다. 멸종위기 야생생물 1급으로 지정, 보호하고 있다.

1 암컷. 노란빛을 많이 띤다. 알을 품고 있어 수컷보다 몸이 더 통통하다.
2 수컷(왼쪽)과 암컷(오른쪽) 비교. 목 아래쪽을 보면 암수 차이가 뚜렷하다. 충청남도 예산에서 관찰했으며, 다른 지역 개체와 달리 색이 독특하고 등에 점도 있다.

1 **수컷**. 노란빛이 도는 초록색이다.
2 올챙이 초기부터 몸에 초록색이 돌기도 한다.
3 앞뒤 다리가 나왔을 때부터 청개구리 올챙이보다 밝은 초록색을 띠어 어느 정도 구별할 수 있다.
4 **올챙이**. 꼬리가 다 없어지기 전에 뭍으로 올라간다.

청개구리과

청개구리과

1 알을 한 번에 5개 미만으로 낳고, 반복해서 모두 200~300개를 낳는다.
2 낳은 알은 수면에 뜨며 주변 물풀에 달라붙는다.
3 푸른빛이 도는 수컷(위)과 약간 노란빛이 도는 암컷(아래) 한 쌍. 포접한 뒤에 알 낳기에 적당한 장소로 이동한다.
4 수컷은 보통 모내기가 끝난 뒤에 모를 잡고 올라가 울지만, 모내기 이전인 4월 말에는 주로 땅에서 운다.
5 가을에 기온이 낮아지면 몸 색깔이 연한 갈색으로 변하며 논둑의 진흙 틈에서 겨울잠을 잔다.

맹꽁이. 다른 개구리에 비해 몸이 둥근 편이다.

맹꽁이과

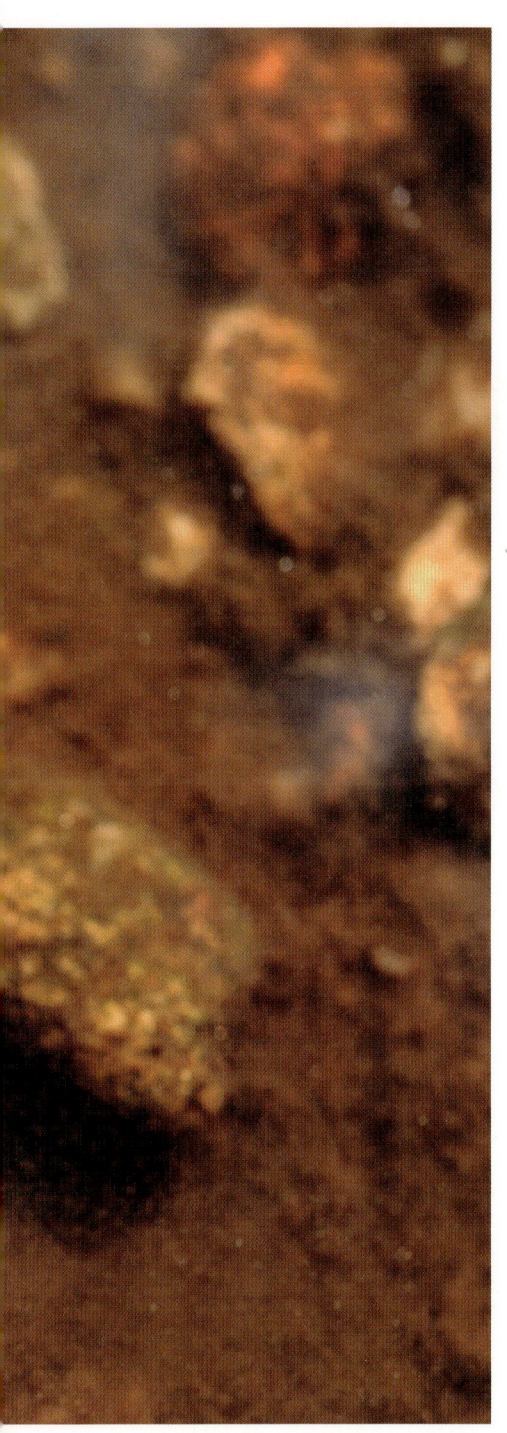

우리나라에는 맹꽁이 1종이 있으며 전국에 퍼져 산다. 맹꽁이라는 이름은 번식기 수컷 울음소리에서 따왔다. 맹꽁이는 "맹맹맹" 또는 "꽁꽁꽁"처럼 한 음절을 반복하며 우는데, 번식기에는 여러 수컷이 박자를 맞추며 울기 때문에 사람 귀에는 "맹꽁, 맹꽁, 맹꽁"하고 들린다. 영명 Digging frog는 뒷발로 땅을 파고 들어가는 습성에서 유래했다. 그래서 쟁기발개구리라고 번역하기도 한다.

몸통이 둥글고 머리가 작으며 다리가 매우 짧아 대체로 작고 둥그스름하다. 뒷발은 땅을 파기에 알맞게 생겼다. 6~8월, 특히 장마철에 비가 많이 내리고 나면 생겼다 사라지는 웅덩이에 한 번에 15~50개씩, 모두 2,000개 정도 알을 낳는다. 알은 수면에 달걀 프라이처럼 뜬다. 우리나라에 사는 양서류 가운데 가장 더울 때 알을 낳기 때문에 물속 산소가 부족한 만큼 공기에서 산소를 얻고자 알 모양이 이런 것으로 보인다.

올챙이는 유난히 몸이 둥글고 눈이 바깥쪽에 붙어 있어서 다른 올챙이와 구별된다. 그리고 다른 올챙이와 달리 입 주변에 순치가 없어서 먹이를 갉아 먹지 못하고 끈적이는 녹조류를 따 먹는다. 올챙이는 24~29일 만에 탈바꿈을 끝내고 땅으로 올라간다.

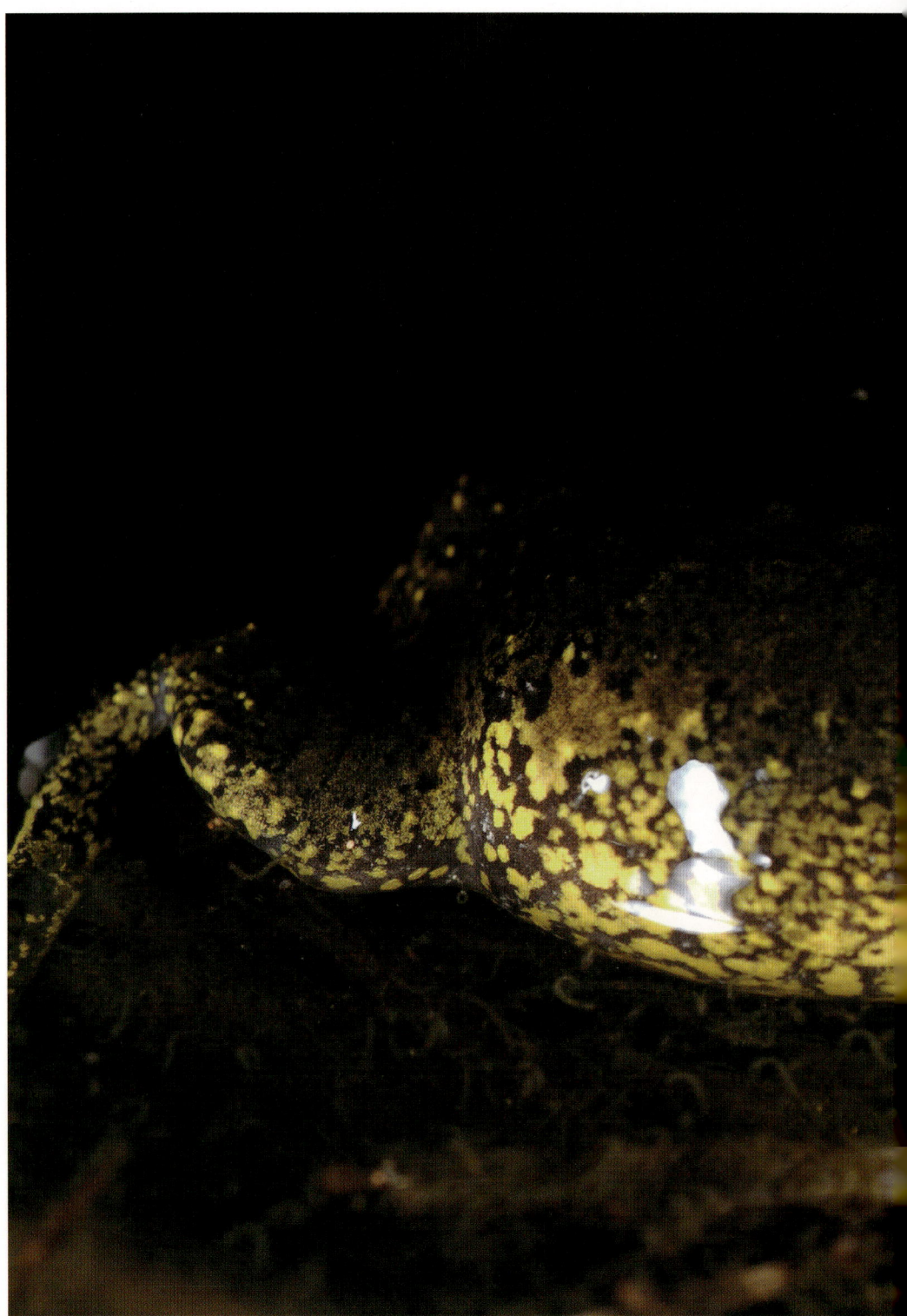

맹꽁이과

맹꽁이는 다른 개구리에 비해 늦은 5월 이후에 알을 낳는다. 이 무렵은 물속에 곤충 애벌레가 많을 때여서 알이나 올챙이가 이들에게 먹히는 걸 막고자 새로 생긴 웅덩이에 알을 낳는다.

맹꽁이

머리몸통길이 4~5cm • **보이는 시기** 5~10월 • **겨울잠 시기** 11~3월 • **번식기** 5~8월 • **알 낳는 곳** 비가 내리면 생겼다가 사라지는 웅덩이 • **사는 환경** 풀밭이나 논 주변, 산 • **사는 지역** 전국

낮에는 주로 땅속에서 있다가 해가 지고 나면 바로 밖으로 기어 나와 곤충이나 삼킬 수 있는 작은 동물을 잡아먹는다. 그래서 번식기 이외에는 눈에 잘 띄지 않는다. 6~8월에 늘 물이 고여 있는 웅덩이보다 비가 내려 새로 생기는 웅덩이에 알을 낳는다. 올챙이는 36시간 만에 부화하며 한 달 이내에 작은 맹꽁이로 탈바꿈한다. 습지에 가까운 풀밭에서 산 정상부까지 생각보다 넓은 지역에서 생활한다.

맹꽁이과

1 암컷. 수컷보다 덩치가 더 크며, 위험을 느끼면 몸을 크게 부풀린다.
2 수컷. 암컷보다 노란빛이 더 강하다. 목 앞쪽을 풍선처럼 부풀리며 운다.

113

1 암수가 머리를 물속에 박고 총배설강을 물 밖으로 내민 상태에서 알을 낳는다. 수컷이 뒷발로 암컷 총배설강을 문지르면서 알을 20~40개 낳고, 그 위에 수컷이 정자를 뿌린 뒤 섞는다.

2 알. 달걀 프라이처럼 생긴 알이 수면에 떠 있다. 36시간 이내에 부화한다.

맹꽁이과

3 두꺼비처럼 앞발을 앞으로 뻗고 뒷발로 헤엄친다.
4 꼬리가 완전히 없어지지 않았을 때 뭍으로 올라간다.
5 앞뒤 다리 길이가 비슷해 모서리를 따라 수직 벽을 오를 수 있다.

개구리과

우리나라에는 참개구리속 2종(참개구리, 금개구리), 옴개구리속 1종(옴개구리), 산개구리속 3종(한국산개구리, 산개구리, 계곡산개구리), 황소개구리속 1종(황소개구리)으로 모두 7종이 산다. 개구리 무리 가운데 가장 널리 퍼져 살아 극지방을 제외한 거의 모든 지역에서 볼 수 있다. 과명 라니다에(Ranidae)는 라틴어로 개구리를 뜻하는 라나(Rana)에서 따온 말이다.

몸은 유선형이고, 뒷다리는 길고 근육이 발달했으며, 뒷발에는 물갈퀴가 있어 뛰어오르고 헤엄치기에 알맞다. 피부는 매끄럽고 갈색이나 녹색을 띤다. 개구리과에 속한 모든 수컷은 번식기에 암컷을 끌어안을 수 있도록(포접) 앞발가락에 거칠거칠한 생식혹이 생긴다. 금개구리와 옴개구리는 암컷에 비해 수컷이 유난히 작기도 해서 암컷 등에 올라탄 수컷이 마치 말에 올라탄 기수처럼 작아 보일 때도 있다.

산개구리속은 겨울이 지나고 얼음이 녹을 즈음 야산 주변 고인 물에 알을 낳는다. 이 무렵에는 수컷이 암컷 등에 올라타 앞발로 암컷 가슴을 끌어안은 채로(포접) 암수가 얼음 밑을 헤엄치는 모습이 눈에 띈다. 수백 쌍이 같은 장소에서 함께 공 모양 알 덩이를 낳는다. 알 덩이 하나에는 알이 수백에서 수천 개 들어 있다. 알은 두꺼운 젤리 같은 물질(우무질)에 싸여 있으며, 우무질은 단열재 역할을 한다.

개구리과

참개구리. 등에 길쭉한 돌기가 나 있으며, 눈 뒤에서부터 등 양쪽으로 줄이 있고 대부분 등 가운데에도 줄이 있다.

참개구리속은 4월 중순부터 6월 사이에 알을 낳는다. 이 시기는 산개구리속이 알을 낳을 때보다 수온이 높고 물속 산소가 적다. 그래서 참개구리 알 덩이는 시간이 흐르면서 수면으로 넓게 풀어지며 공기 속 산소를 공급받고, 금개구리는 알 덩이가 물속에 가라앉지 않도록 여러 번에 걸쳐 알 덩이 10~50개를 물풀에 걸쳐 놓는다. 옴개구리도 작은 알 덩이를 여러 번에 나눠 물풀에 걸쳐 놓는다. 금개구리와 옴개구리 알은 노란빛을 많이 띤다.

황소개구리는 5~7월에 수컷이 어른 허리 깊이쯤 되는 농수로에서 자라는 물풀을 눌러 알 낳을 자리 만들고, 거기에 암컷이 알을 40,000개 정도 낳는다. 시간이 지나면 알 덩이에 흰 거품이 생겨서 멀리에서도 눈에 잘 띈다.

1

개구리과

1 **금개구리.** 배는 노란색이며 등은 기온이 낮을 때는 진한 녹색, 기온이 높으면 밝은 녹색을 띤다. 등에 잔 점이 없거나 점 같은 돌기가 있다.
2 **옴개구리.** 계곡이나 웅덩이 주변에 살며 몸은 갈색이고, 온몸에 길쭉한 돌기가 있다.

1 **산개구리**. 산에서 주로 생활하며 몸은 낙엽과 비슷한 갈색이고, 수컷 배는 흰색이다.
2 **계곡산개구리**. 생김새와 사는 곳이 산개구리와 비슷하지만 수컷 배는 노란색이다. 암컷은 계곡 여울에 알을 붙여 낳는다.
3 **한국산개구리**. 산개구리 무리 가운데 가장 작고, 다른 산개구리보다 낮은 지역에 살며 대부분 논에 알을 낳는다. 입 주변에 흰 테가 있다.
4 **황소개구리**. 원산지는 미국이다. 우리나라에서는 일본을 통해 식용으로 들여왔다가 자연에 퍼졌다. 주로 저수지나 깊은 수로 같은 곳에 산다.

개구리과

참개구리

머리몸통길이 6~9cm • **보이는 시기** 4~10월 • **겨울잠 시기** 10~3월 • **번식기** 4~6월 • **알 낳는 곳** 논이나 웅덩이 • **사는 환경** 논이나 산지 습지 • **사는 지역** 전국

가장 흔히 보이던 개구리였지만 급격히 개체수가 줄어들었다. 논에서 많이 보여 논개구리, 큰 소리로 울어서 악머구리, 덩치가 커서 떡개구리라고도 한다. 몸은 초록색이나 갈색이다. 등에 길쭉한 돌기가 있고 고막에서부터 좌우로 몸을 따라 융기선이 있으며, 대부분 등 가운데에 흰 줄이 있다. 4월부터 수컷 여러 마리가 웅덩이나 물을 댄 논에 모여 "꾸르륵, 꾸르륵"하고 울면서 암컷을 부른다. 울음주머니는 볼 양쪽에 있고, 울 때마다 부풀었다가 쪼그라들었다가 한다. 암컷이 다가오면 수컷이 암컷 등에 올라타서 가슴을 꼭 껴안는다. 암컷이 물에 알을 1,000개 정도 낳으면 수컷이 그 위에 정자를 뿌려 수정시킨다.

개구리과

1 **암컷**. 몸에 검은색 얼룩무늬가 있다.
2 **수컷**. 몸 색깔은 초록색, 노란색 등 다양하며 배가 하얗다.

1 올챙이. 자라면서 등 가운데에 줄이 나타난다.

2 **알.** 처음 낳았을 때 아래쪽은 누렇고 위쪽은 까맣다.
3 알에서 일주일 정도 자란 유생이 알을 둘러싼 우무질을 뚫고 나온다.

1 포접한 암수. 암컷(아래)과 수컷(위)의 몸 색깔이 뚜렷하게 다르다.
2 삼킬 수 있는 크기의 살아 있는 동물을 먹으며, 가끔 같은 종마저도 잡아먹는다.

3 가장 전형적인 색깔을 띤 수컷
4 제주도에 사는 개체는 몸 색깔과 무늬가 독특하다.

금개구리

머리몸통길이 3~7cm • 보이는 시기 4~10월 • 겨울잠 시기 10~3월 • 번식기 4~7월 • 알 낳는 곳 논이나 농로, 웅덩이 • 사는 환경 논이나 습지 주변 • 사는 지역 전국

멸종위기 야생생물 Ⅱ급으로 지정, 보호하는 종이다. 등 양쪽에 굵고 뚜렷한 금색 융기선이 하나씩 있으며 배는 노랗다. 겨울에서 초여름까지는 진한 녹색을 띠지만 더워지면 몸 색깔이 밝은 녹색으로 바뀐다. 4월부터 활동하며, 암컷에 비해 크기가 훨씬 작은 수컷이 "뽁, 뽁, 끄르르르륵"하고 울며 암컷을 부른다. 4월 말에서 6월까지 물풀이 많은 농수로나 저수지에 노란색 알을 낳는다. 올챙이도 노란빛을 많이 띠며, 꼬리에 선명한 가로줄이 있다. 논이나 저수지 주변 진흙 속에서 겨울잠을 잔다.

1 **암컷.** 생김새로는 암수를 구별하기 어렵지만 암컷이 수컷보다 덩치가 훨씬 크다.
2 **수컷.** 암컷에 비해 작은 편이고 눈에 비해 고막이 커 보인다. 어두워지면 수컷 여러 마리가 경쟁하듯 울며 암컷을 부른다.

1 **올챙이.** 초기부터 몸 색깔이 녹색으로 변하는 개체가 많으며 꼬리에 흰 줄이 뚜렷하다.
2 **알.** 참개구리와 달리 크게 한 덩어리로 낳지 않고, 노란빛을 띠는 알 20~50개로 이루어진 작은 덩어리를 물풀 위 또는 수면에 여러 번 나누어 낳는다.

3 **수컷.** 물풀을 뒷발로 밟아서 자리를 만들고 그 속에 들어앉아 울 때가 많다.
4 가끔 작은 수컷이 큰 암컷과 짝짓기를 할 때가 있다. 그럴 때 수컷은 알과 정액이 닿을
수 있도록 암컷 뒤쪽에 앉아 암수의 총배설강 위치를 맞춘다.

1 **암컷 여름형.** 겨울잠에서 막 깨어난 봄 무렵에는 몸이 진한 녹색을 띠지만, 여름이 될수록 밝은 녹색으로 변한다.
2 몸을 부풀려 부력을 키우고 물 위에 가만히 떠 있다. 이렇게 하면 물풀이 많은 곳에서 몸을 숨길 수 있다.
3 서식지 주변 진흙으로 된 비탈에서 겨울잠을 잔다.

개구리과

옴개구리

머리몸통길이 3~6cm • 보이는 시기 4~10월 • 겨울잠 시기 10~3월 • 번식기 4~8월 • 알 낳는 곳 계곡 주변 웅덩이나 논, 하천, 저수지 • 사는 환경 계곡, 하천이나 저수지 주변 • 사는 지역 전국

온몸에 난 돌기가 피부병인 옴에 걸린 모습과 비슷하다고 해서 옴개구리라고 부른다. 몸은 흑갈색이나 회갈색을 띤다. 1년 내내 물속이나 물가에서 지낸다. 번식기에 수컷이 내는 소리는 사는 환경에 따라 조금씩 다르다. 계곡에 사는 무리는 "규, 규, 끼륵, 끼륵, 뽁", 저수지 주변에 사는 무리는 "드르르르르"하고 울며 암컷을 부른다. 보통 노란빛을 띠는 알 20~50개를 작은 덩어리로 여러 번에 걸쳐 낳지만, 농수로나 저수지에서는 한 번에 큰 덩어리로 낳기도 한다. 늦게 부화한 올챙이는 겨울을 난 뒤 이듬해에 성체로 탈바꿈한다.

1 **암컷**. 수컷보다 몸집이 크다.
2 **수컷**. 암컷보다 작으며 몸매가 뾰족하다.

1 **올챙이.** 어린 시기에 몸에 까만 무늬가 나타난다.
2 **알.** 70개 미만 알이 든 작은 알 덩이를 여러 번에 나눠 주변 식물에 걸쳐 놓는다. 알은 금개구리처럼 누런빛을 띤다.
3 번식기 수컷들은 저수지 주변 틈 속에서 울며 암컷을 부른다.
4 수컷을 태운 암컷이 적당한 장소로 이동해 알을 낳는다.

한국산개구리

머리몸통길이 3~5cm • **보이는 시기** 2~10월 • **겨울잠 시기** 10~2월 • **번식기** 2~4월 • **알 낳는 곳** 산이나 논에 있는 웅덩이 • **사는 환경** 산지 • **사는 지역** 전국

①

입 주위에 흰 테가 있다. 뒷발 물갈퀴가 다른 산개구리에 비해 작다. 알을 밴 암컷 배는 빨갛다. 2월 중하순에 산이나 논 주변에 있는 작은 웅덩이에서 수컷이 작게 "콕콕콕"하고 연달아 울며 암컷을 부른다. 400~700개 알로 이루어진 알 덩이를 낳는다. 산란지 주변 낙엽이나 흙 속에서 겨울잠을 자기도 하며, 알을 낳은 뒤에는 대부분 주변 야산으로 이동하나, 가끔 평지 습지에서 보이기도 한다.

개구리과

1 **암컷**. 윗입술에 흰 테가 뚜렷하며 산란기에는 배가 빨갛다.
2 **수컷**. 등에 흐리지만 굵은 줄이 2개 보이는 개체가 많다.

1 올챙이. 자라면서 등에 까만 점 2개가 보이는 시기가 있다.
2 알 덩이. 알을 갓 낳았을 때는 물 깊이에 따라 알이 가라앉기도 하고 수면에 뜨기도 한다.
3 수컷이 암컷의 앞가슴을 꼭 끌어안는다.
4 2월 중하순에 비가 내리면 무더기로 알을 낳는다.
5 꼬리가 없어질 무렵 뭍으로 올라간다. 이때부터 입술 주변의 흰 테, 등의 굵은 줄 같은 성체 특징이 나타난다.

개구리과

141

산개구리

머리몸통길이 5~9cm • 보이는 시기 2~10월 • 겨울잠 시기 10~2월 • 번식기 2~4월 • 알 낳는 곳 산지 주변에 있는 논이나 웅덩이 • 사는 환경 산지 • 사는 지역 전국

산에서 주로 생활하기에 산개구리라고 한다. 등은 마른 나뭇잎과 비슷한 갈색이어서 눈에 잘 띄지 않는다. 몸 색깔은 여름에는 밝은 갈색, 겨울에는 진한 갈색으로 바뀐다. 10~11월에 울음소리로 자기 위치를 알려 무리를 짓고 겨울잠을 잔다. 이듬해 얼음이 녹을 무렵, 수컷들은 "호르르릉, 호르르릉"하는 소리로 암컷을 부르고, 서로 앞다투어 암컷 등에 올라타려고 한다. 우리나라 개구리 가운데 가장 이른 시기에 알을 낳으며, 알을 낳고 나면 다시 산으로 올라간다. 봄부터 가을까지 계곡 주변처럼 습기가 많은 곳에서 곤충이나 작은 동물을 먹으며 산다.

개구리과

1 **암컷**. 늦가을에는 뱃속에 다음 해에 낳을 알을 품고 있어서 배가 크다.
2 **수컷**. 등은 마른 나뭇잎과 색이 비슷하다.

산개구리와 북방산개구리 구별

예전에는 북방산개구리(*Rana dybowskii*)라고 기록했으나, 2014년 일본 마쓰이 박사가 쓰시마와 한반도에 걸쳐 사는 종을 산개구리(*Rana uenoi*)라고 발표했고, 2017년에는 산개구리와 북방산개구리는 다른 종이며 백두산을 기점으로 2종이 나뉜다고 발표했다. 참고로 현재 북방산개구리는 백두산 위쪽에만 사는 것으로 발표되었지만 북한 북부에도 살 가능성이 있다.

1 **올챙이.** 처음 부화했을 때에는 갈색 또는 약간 녹색을 띠며, 자라면서 주변 환경이나 먹이에 따라 밝거나 어두워진다. 자라는 동안 여러 차례 몸 밝기가 변하기도 한다.

2 **알.** 2월에 기온이 오르고 비가 오는 날 한꺼번에 알을 낳는다. 알은 투명한 젤리 같은 물질(우무질)에 싸여 있고 물을 머금어 부풀어 오른다.

3 암컷이 알을 낳으면 수컷은 수정시키고자 알에다 정액을 뿌린다. 갓 낳은 알은 까맣다.

4 알을 낳은 뒤에 갑자기 추워지면 알덩이 위쪽부터 언다. 그러나 알은 우무질에 싸여 있어서 많이 죽지 않으며, 언 기간이 길어지면 위쪽 일부만 죽는다.
5 얼었다 녹았다 반복하다가 부화하더라도 올챙이들은 우무질 속에서 안전하게 자란다.
6 죽은 성체가 올챙이들의 먹이가 되기도 한다.

계곡산개구리

머리몸통길이 4~7cm • **보이는 시기** 2~10월 • **겨울잠 시기** 10~2월 • **번식기** 2~4월 • **알 낳는 곳** 계곡의 물 흐름이 느린 곳 • **사는 환경** 산지 • **사는 지역** 전국

산개구리와 매우 닮아 구별하기 어렵지만 번식기에 수컷의 배 색깔이 다르다. 산개구리는 우윳빛을 띠지만 계곡산개구리는 노란빛을 띠며 검은 점이 있다. 수컷은 낮게 "득득득"하고 울며 암컷을 부른다. 짝을 지으면 물이 느리게 흐르는 곳에서 빙빙 돌며 발길질로 돌이나 낙엽에 있는 모래를 치운 다음에 끈적이는 알 덩이를 낳는다. 알 덩이는 물살에 떠내려가지 않으며, 물을 머금으면서 우무질이 부풀어 오른다. 산개구리와 잡종이 발생하며, 잡종 개체는 번식기에 산개구리와 비슷한 울음소리를 내기도 한다. 유전적으로 가장 가까운 종은 중국산개구리이며 북한 북부에 서식할 가능성이 높다.

1 암컷. 붉은색이나 노란색을 띤다. 눈과 입술 주변이 거무스레하다.
2 수컷. 온몸에 작은 돌기가 있으며, 산개구리보다 눈이 도드라지고 주둥이가 뭉툭하다.

1 **올챙이.** 논이나 웅덩이에서 많이 보이는 산개구리와 달리 주로 계곡에서 보인다.
2 **알 덩이.** 바닥에 가라앉아 있는 것이 특징이다. 돌에 붙은 알 덩이는 돌을 뒤집어도 떨어지지 않을 정도로 단단히 붙어 있다.

개구리과

3 암수가 포접한 채 적당한 장소로 이동한 다음 알을 낳는다.
4 산란지에서는 많은 수컷이 암컷 한 마리를 놓고 다툰다.
5 물이 깊지 않은 곳에 낳은 알은 소금쟁이에게 공격받기도 한다.
6 올챙이 배 아랫면에는 작은 금빛 무늬가 고루 퍼져 있다. 산개구리와 한국산개구리 올챙이는 금빛 무늬가 뭉쳐 있다.

황소개구리

머리몸통길이 11~19cm • **보이는 시기** 4~10월 • **겨울잠 시기** 11~3월 • **번식기** 5~8월 • **알 낳는 곳** 하천, 저수지 • **사는 환경** 낮은 지대 하천, 웅덩이, 저수지, 강 등 물풀이 많고 물이 느리게 흐르는 곳 주변과 농수로 • **사는 지역** 전국

우는 소리가 황소와 비슷하다 해서 황소개구리라고 부른다. 1970년대에 식용으로 일본에서 올챙이를 들여와 전 지역에 풀어 놓았다. 그러나 사람들이 관심을 갖지 않자 전국에 널리 퍼져 정착했다. 입이 커서 큰 개구리나 뱀, 새까지 잡아먹는다. 5~8월에 물풀이 많은 저수지나 연못에 작은 알 6,000~40,000개를 한꺼번에 낳는다. 늦게 낳은 알에서 부화한 올챙이는 올챙이 상태로 겨울을 나고 이듬해 초여름에 탈바꿈을 끝내기도 한다.

개구리과

1 **암컷**. 몸통에 비해 머리가 더 초록색이며 알을 품고 있어 덩치가 크다.
2 **수컷**. 알을 낳을 수 있을 만큼 물이 깊은 곳에서 황소 같이 울며 암컷을 부른다.

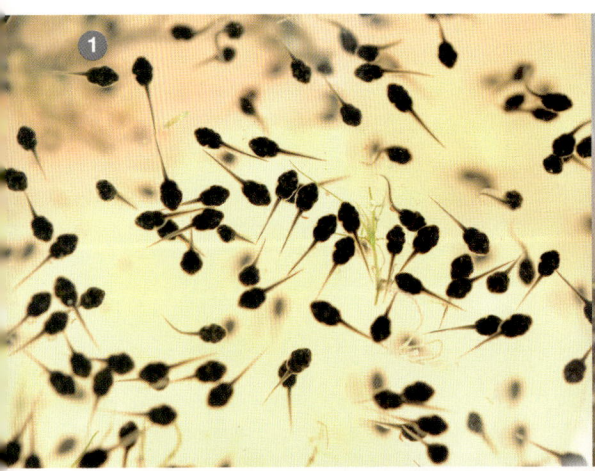

1 **올챙이.** 갓 깨어났을 때는 다른 개구리 올챙이보다 작다. 아마도 알이 작아서인 듯하다. 올챙이가 자라서 성체가 되기까지 90일 이상이 걸리며, 어느 정도 자라면 몸에 까만 잔 점이 많아진다.
2 **알.** 수컷은 물풀을 몸으로 문대 알 낳을 장소를 마련하며, 암컷은 알이 가라앉지 않도록 물풀에다 알을 낳는다. 어느 정도 시간이 지나면 알 덩이 속에 흰 기포가 생겨 수면에 뜬다.

3 뒷다리만 나온 올챙이가 잠시 뭍으로 올라왔다.
4 겨울에 하천 밑에서 겨울잠을 자던 성체를 왜가리가 물어 얼음에 올려놓았다.
5 성체가 올챙이를 잡아먹기도 한다.

개구리과

1 몸을 부풀려서 물에 편하게 떠 있을 수 있다.
2 7월 중순 이후 낳은 알에서 깬 올챙이는 올챙이로 겨울을 나고, 다음 해 5~6월에 작은 성체가 된다.

찾아보기

계곡산개구리	146	산개구리	142
고리도롱뇽	030	수원청개구리	102
금개구리	128	옴개구리	134
꼬리치레도롱뇽	048	이끼도롱뇽	058
꼬마도롱뇽	042	제주도롱뇽	036
도롱뇽	024	참개구리	122
두꺼비	078	청개구리	096
맹꽁이	112	한국산개구리	138
무당개구리	068	황소개구리	150
물두꺼비	086